LES FESTES DE THALIE,

BALET,

REPRESENTÉ POUR LA PREMIERE FOIS,

PAR L'ACADÉMIE ROYALE DE MUSIQUE,

Le Mardy quatorziéme Août 1714.

Le prix est de trente sols.

A PARIS,

Chez PIERRE RIBOU, seul Libraire de l'Académie Royale de Musique, Quai des Augustins, à la descente du Pont-Neuf, à l'Image Saint Loüis.

M. DCC. XIV.

Avec Approbation, & Privilege du Roy.

AVERTISSEMENT.

LE sujet de ce Balet est l'Amour Triomphant dans les trois differens états du beau Sexe, Fille, Femme, & Veuve; cela forme trois Fêtes differentes que Thalie donne sur le Théatre de l'Opera, par l'ordre d'Apollon.

Il y a prés de trois ans que j'avois été tenté de faire cet Opera, sous le titre de *Fragmens Comiques* : J'en avois même fait le Prologue & l'Acte de la Veuve. Enfin à la solicitation de mes amis j'ai achevé ce Balet. Et d'une Piece que je voulois intituler l'*Amant de sa Femme*, & que j'avois commencée dans un autre genre; j'ai fait mon Acte de la Femme que j'ai ajusté au Théatre de l'Opera. A l'égard de l'Acte de la Fille je l'ai nouvellement imaginé.

J'ai fait mes efforts dans ce petit Ouvrage pour plaire au Public; mais je serois de plus en plus animé à contribuer à ses amusemens, s'il pouvoit m'être aussi indulgent sur ce Théatre, qu'il a eu la bonté de m'être favorable au Théatre de la Comédie.

a ij

ACTEURS

DU PROLOGUE.

MELPOMENE,	Mad.^{lle} Antier.
THALIE,	Mad.^{lle} Poussin.
APOLLON,	M. Hardoüin.

ACTEURS DU PREMIER ACTE.

LA FILLE.

ACASTE *Capitaine de Vaisseau, Amant de Leonore*,	M. Thevenard.
CLEON *Pere de Leonore*,	M. Dun.
BELISE *Mere de Leonore*,	M. Mantienne.
LEONORE *Fille de Cleon & Belise*,	Mad.^{lle} Poussin.
UN ALGERIEN,	M. Lemire.
UNE FILLE *Marseilloise*,	Mad.^{lle} Minier.

ACTEURS DU SECOND ACTE.

LA VEUVE.

LEANDRE *Aman d'Isabelle*,	M. Cochereau.
FABRICE *Confident de Leandre*,	M. Dun.

ISABELLE *Veuve*.   Mad^{lle} Heuzé.
IPHISE *Confidente d'Isabelle*,   Mad^{lle} Antier.
UNE BERGERE,   Mlle Minier.

ACTEURS DU TROISIE'ME ACTE.

LA FEMME.

CALISTE *Femme de Dorante*,   Mad^{lle} Journet.
DORINE, *Femme de Zerbin* :   Mad^{lle} Poussin.
DORANTE *Epoux de Caliste*,   M. Thevenard.
ZERBIN *Epoux de Dorine*,   M. Mantienne.

ACTEURS DES DIVERTISSEMENS

du Prologue.

SUIVANS de Melpomene.

Messieurs Javilliers, Duval, Pierret, Rameau, Guyot,
Dangeville-C.

SUIVANS de Thalie.

Mademoiselle Guyot.
Messieurs Germain, Dumoulin-L. P. Dumoulin, Dan-
geville-L.
Mesdemoiselles Menés, Isecq, la Feriere, Haran.

ACTE PREMIER.

FESTE MARINE.

Chef de la Fête.

Monsieur D-Dumoulin.

ESCLAVES ALGERIENS.

Messieurs Germain, Dumoulin-L. Blondy, Marcel,
Gaudrau, Javilliers.

MATELOTS MARSEILLOIS.

Monsieur F-Dumoulin, Mademoiselle Guyot.
Messieurs P-Dumoulin, Dangeville-L. Guyot, Duval.
Mesdemoiselles Haran, la Feriere, Mangot, Duval.

ACTE II.

NOCE DE VILLAGE.

BERGERS & BERGERES.

Le pere & la mere du Marié.

Monsieur, Ferrand, Mademoiselle Lemaire.

Le pere & la mere de la Mariée.

Monsieur Marcel, Mademoiselle de la Feriere.

Le Marié & la Mariée.

Monsieur D-Dumoulin, Mademoiselle Prevoſt.

PAYSANS.

Meſſieurs Germain, Gaudrau, Javilliers.

PAYSANNES.

Meſdemoiſelles Mangot Rameau, Corbiere.

ACTE III.

BAL.

TROUPES DE MASQUES.

Mademoiſelle Prevoſt.

Meſſieurs.	Meſdemoiſelles.
Marcel.	Menés.
Blondy.	Iſecq.
Ferrand.	Lemaire.
Dangeville-L.	Haran.
Javilliers.	Dimanche.
Pierret.	Leroi.
Gaudrau.	Rameau.

viij

ARLEQUIN.
Monſieur F. Dumoulin.
ARLEQUINE.
Mademoiſelle de la Feriere.
PAGODE.
Monſieur P. Dumoulin.

Noms des Acteurs & des Actrices, chantans dans tous les Chœurs du Prologue, & du Balet.

PREMIER RANG.	SECOND RANG.
Meſdemoiſelles	*Meſdemoiſelles*
Guillet.	Baſſet.
La Roche.	Déboizé.
Paſquier.	Tetlet.
Meſnier.	Menez.
Du Laurier.	Billon.
Boiſſelet.	
Meſſieurs	*Meſſieurs*
Paris,	Deshayes.
Thomas.	Lebel.
Courteil.	Morand.
Corby.	La Roſiere.
Flamand.	Gervais.
Alexandre.	Dupleſſis.
Aubeau.	Le Comte.
Le Jeune.	Desjardins.
Le Mire.	

LES FESTES
DE THALIE,
BALET.

PROLOGUE.

La Scene est sur le Théatre de l'Opera.

SCENE PREMIERE.

MELPOMENE, Suite de Melpomene.

MELPOMENE *regardant le Théatre de ses Spectacles.*

Héatre de ma gloire, où regne l'harmonie,
Ne recevez des loix que de mon seul
génie.

b

Més Sujets font les Rois, les Héros, & les Dieux,
Rien ne peut égaler mes Spectacles pompeux.

Théatre de ma gloire, où regne l'harmonie,
Ne recevez des loix que de mon feul génie.

J'attendris par les fons, mes pleurs & mes foupirs,
Mes tragiques douleurs forment les vrais Plaifirs.

Théatre de ma gloire où regne l'harmonie,
Ne recevez des loix que de mon feul génie.

CHOEUR.

Regnez divine Melpomene,
Regnez des vrais plaifirs aimable Souveraine.

*Les Héros de la fuite de Melpomene lui rendent hommage
par leurs danfes.*

SCENE. II.

MELPOMENE, THALIE.

On entend une Symphonie vive & gaye qui annonce l'arrivée de la Muse Comique.

MELPOMENE.

Dieux ! quels frivoles sons ? Que vois-je ? c'est
   Thalie !
Vient-elle de ses jeux étaler la folie ?
  Osez-vous donc vous faire voir
  En des lieux pleins de mon pouvoir ?

THALIE.

Je viens avec les Ris pour égayer la Scene.

MELPOMENE.

Armide, Phaëton, Atis,
Roland, Bellerophon, Thetis,
De ce brillant séjour me rendent Souveraine,
  Muse, retirez-vous.

THALIE.

Je le voi bien, ma Sœur, un mouvement jaloux
  Contre moi vous anime.

MELPOMENE.

Croyez-vous de mes Vers effacer le Sublime ?

THALIE.

Sans vous rien disputer, je voudrois entre-nous
Par un autre chemin mériter quelque estime.

MELPOMENE.

Vous mériterez mon courroux.

THALIE.

Ma Sœur, un mot seul peut suffire
Pour faire voir qu'on me doit préferer ;
On est bien-tôt las de pleurer,
Se lasse-t'on jamais de rire ?

Vous faites à l'Amour une cruelle offense
De ne l'offrir que furieux,
Sous des traits plus rians je l'offre à tous les yeux,
Qui de nous, sert mieux sa puissance ?

MELPOMENE.

Apollon en ces lieux s'avance,
Il sçaura de nous deux faire la difference.

SCENE III.

APOLLON, MELPOMENE, THALIE.

APOLLON.

ESt-ce ainsi qu'à mes vœux, Muses, vous répon-
    dez ?
Que deviennent les Jeux que j'avois demandez ?

MELPOMENE

On en voudroit éloigner Melpomene.

THALIE.

C'est votre ordre, Apollon, qui dans ces lieux m'a-
meine.

ENSEMBLE

C'est moi qui dans ces lieux prétens donner des loix.

APOLLON *à Melpomene.*

Ne pouvez-vous comme autrefois
Joindre vos airs pompeux aux doux chants de Thalie ?
Ce mélange aujourd'hui charme encor l'Italie.

MELPOMENE

Ce seroit avilir mes Héros & mes Rois.

APOLLON.

Hé bien ! entre vous deux il faut faire un partage,
L'une & l'autre en son tems en plaira davantage.

Que la Paix regne en ces beaux lieux,
Réünissons Melpomene & Thalie.

L'une dans les hyvers pourra chanter les Dieux;
L'autre dans les beaux jours par sa douce folie,
Charmera les cœurs & les yeux.

Que la Paix regne en ces beaux lieux,
Réünissons Melpomene & Thalie.

MELPOMENE.

Quoi sous d'égales loix l'une & l'autre on nous ran-
ge ?
Je reçois d'Apollon des mépris si cruels ?
Quoi tout Dieu qu'il est, son goût change !
Ah ! c'est une foiblesse à laisser aux mortels.

Elle sort avec les Heros de sa suite.

SCENE IV.

THALIE *seule.*

VEnez, volez de toutes parts,
Je vais offrir à vos regards
Des Jeux sans pleurs & sans tristesse.

Mon art est le plus doux des arts,
Il est l'amour de la Jeunesse,
Et je fais leçon de tendresse.

Venez, volez de toutes parts,
Je vais offrir à vos regards
Des Jeux sans pleurs & sans tristesse.

SCENE V.

THALIE, JEUX & PLAISIRS
qui accourent de toutes parts.

CHOEUR *des Jeux & des Plaisirs.*

TRiomphez Muse charmante,
Triomphez de l'ennui, des pleurs & des soupirs,

PROLOGUE.

Couronnez la Troupe riante
Des Jeux & des Plaiſirs,

Les Jeux & les Plaiſirs celebrent la Gloire de Thalie
par leurs danſes.

THALIE.

Pour mieux faire éclatter mon triomphe en ce jour,
Signalons dans nos Jeux le pouvoir de l'Amour.

Beautez, en tout tems , à tout âge,
L'Amour eſt ſûr de votre hommage.

Il regne dans tout l'Univers,
Si l'Hymen vous engage, *
Si vous ſortez de ſes Fers, *
Si vous fuyez ſon Eſclavage ; *

* *Femme.*
* *Veuve.*
* *Fille.*

Beautez, en tout tems à tout âge,
L'Amour eſt ſûr de votre hommage.

CHOEUR.

Triomphez Muſe charmante,
Triomphez de l'ennui, des pleurs & des ſoupirs,
Couronnez la Troupe riante
Des Jeux & des Plaiſirs.

Fin du Prologue.

LA FILLE.

LA FILLE.

ACTE PREMIER.

SCENE PREMIERE.

ACASTE, CLEON.

CLEON.

Quelle est donc la beauté dont vous portez la
chaîne ?

ACASTE.

Vous verrez dans peu ses attraits.

A

L'Amour, pour me blesser a puisé tous ses traits
        Dans les beaux yeux d'une inhumaine.
Mais songez à la fête & me laissez ici
        Attendre l'objet qui m'engage.

CLEON.

Vous me rendez heureux, vous allez l'être aussi,
Vos bontez dans Alger m'ont tiré d'esclavage,
Aprés dix ans de maux, je revoi ce rivage.

Chere Epouse, en ce jour, quel sera ton transport
De revoir ton Epoux, quand tu le croyois mort?

SCENE II.

ACASTE *seul*.

NE puis-je me flatter d'une douce esperance ?
L'objet que j'aime, helas ! s'oppose à mon bonheur.

Cruelle indifference,
Contre mes feux tu défends trop son cœur;
Le nœud de l'hymen lui fait peur.

Ne puis-je me flatter d'une douce esperance ?
L'objet que j'aime, helas ! s'oppose à mon bonheur.

Mes soins, mes soupirs, ma constance,
Ne peuvent fléchir sa rigueur
L'Amour même auroit peine à s'en rendre vainqueur.

Ne puis-je me flatter d'une douce esperance?
L'objet que j'aime, helas ! s'oppose à mon bonheur.

Attendons un moment pour m'offrir à ses yeux,
Sa mere doit parler en faveur de mes feux.

SCENE III.

BELISE, LEONORE.

LEONORE *une Guittare à la main.*

Rire, danser, chanter est mon partage,
Sans soins, sans amour, sans desirs,
Point d'hymen, point d'esclavage,
Je ne m'engage
Qu'aux seuls plaisirs.

BELISE.

Acaste est de retour, aprés un long voyage,
Donnez-lui votre main, couronnez ses soupirs.

LEONORE.

Des plus tendres soupirs l'hymen bannit l'usage,
Rire, danser, chanter est mon partage.

BELISE.

Depuis que mon époux a quitté ce rivage
Dans les pleurs j'ai passé dix ans.
Sans doute il ne vit plus, votre seul avantage
M'a fait refuser mille Amans.

Voulez-vous perdre ainsi le Printemps de votre âge?

LEONORE.

L'Hymen cause des soins, ces soins trop importans
Nous font vieillir dés le Printems.

Rire, danser, chanter est mon partage,
Sans soins, sans amour, sans desirs,
Point d'hymen, point d'esclavage,
Je ne m'engage
Qu'aux seuls plaisirs.

SCENE IV.

ACASTE, BELISE, LEONORE.

ACASTE.

VOs mépris, Leonore, ont-ils fini leurs cours?
Daignez-vous consentir à mon bonheur su=
   prême,
Et verrai-je bien-tôt commencer mes beaux jours?

LEONORE.

De l'Amant voilà les discours;
  Ceux de l'Epoux sont-ils de même.

ACASTE.

L'Hymen ne servira jamais qu'à m'enflâmer.

LEONORE.

Non, l'on ne s'aime plus, dés que l'on doit s'aimer.

BELISE *à Acaste.*

Ne lui faites point violence,
Portez ailleurs des vœux qu'elle n'écoute pas.

ACASTE.

Que ne puis-je arracher mon cœur à sa puissance

LEONORE *à Acaste.*

Vous trouverez ailleurs de plus charmans appas.

ACASTE.

O Ciel! à tant d'amour faire tant d'injustices!

BELISE.

Sa legere humeur, ses caprices
Sur les douceurs d'hymen répandroient le poison;
Si vous voulez gouter d'éternelles délices,
Prenez femme qui soit dans l'âge de raison.

ACASTE *à Belise.*

goute vos conseils, ils finiront ma peine.

LEONORE *à part.*

honte pour moi s'il sortoit de ma chaîne!

ACASTE.

vous!

LEONORE.

Suivez des conseils genereux.

CASTE, *à part le premier vers.*

ix peut la rendre à mes feux.

donc une chaîne nouvelle?

LEONORE.

Cherchez quelque objet moins rebelle.

BELISE *à Acaste.*

Je sçais la beauté qu'il vous faut,
Elle veut vous charmer, ses yeux brillent encore
Du même feu dont brille Leonore ;
Elle n'en a pas un défaut.

ACASTE

Montrez-moi sans tarder l'objet qu'il faut que j'aime.

BELISE, *se montrant.*

Vous la voyez, c'est une autre elle-même.

ACASTE *déconcerté.*

Cachons le trouble affreux dont je suis agité,
Faisons voir pour sa mere un amour affecté.

à Leonore.
> Votre rigueur inhumaine
> A trop long-tems éclatté,
> Ne poussez pas votre haîne
> Contre un Amant rebuté,
> Jusqu'à traverser la chaîne
> Qui fait sa felicité.

ACASTE.

ACASTE. BELISE *à Léonore.*

Ne pouffez pas votre haine
Contre un Amant rebuté,
Jufqu'à trayerfer la chaîne
Qui fait fa félicité.

LÉONORE, *s'en allant.*

Sortons, ce que j'entens me caufe trop de peine,

SCENE V.

BELISE, ACASTE.

ACASTE *courant aprés Leonore.*

Elle fuit.....

BELISE.

Laissons-la, ne songez plus qu'à moi,
Je ne m'occupe plus qu'à vous être fidelle,
Hâtons l'heureux instant de vous donner ma foi,
Vous seriez esclave avec elle,
De vous, je recevrai la loi.
Tu seras mon Epoux, mon Souverain, mon Roi.

Consens à de nouveaux soupirs,
N'aime plus qui te hait, & ne hais point qui t'aime,
Mon amour sur tes pas conduira les plaisirs,
C'est assez qu'avec eux, tu me souffres moi-même.

Cleon paroît.

SCENE VI.

CLEON, LEONORE, BELISE, ACASTE,
*Troupe de Captifs Algeriens enchaînez; Troupe de
Matelots Marseillois.*

CLEON *appercevant sa femme.*

AH la Perfide !…au moins pour former d'autres
nœuds
Attens ma mort tu n'attendras plus guere.

BELISE, *reconnoissant Cleon.*

Mon Epoux…..

ACASTE, *à Leonore.*

Quoi c'est votre Pere
Que j'ai tiré des fers ?…ah ! je suis trop heureux.

LEONORE, *contente.*

Vous n'épouserez point ma mere.

ACASTE.

Qui m'y forçoit, helas ! c'étoit votre rigueur ?
Puis-je être heureux sans vous ? non, il n'est pas
possible.

B ij

Eh ! dans cette feinte penible
Ne lisiez-vous pas dans mon cœur ?

CLEON, *à Acaste.*

Que ma Fille envers vous m'acquite,
Et recevez le prix que votre cœur mérite,

ACASTE, *aux Captifs Algeriens.*

Vous à qui ma valeur fit subir l'esclavage,
Je brise vos liens, allez soyez heureux,
Vous devez ce bonheur à l'Objet qui m'engage,
Rendez-en grace à ses beaux yeux,
Et formez en ce jour les plus aimables Jeux
Avec les Habitans de ce charmant Rivage.

On ôte les chaînes aux Captifs.

Chantez l'Amour, chantez sa gloire,
Il triomphe d'un cœur qui méprisoit ses traits,
Chantez, publiez à jamais
Sa nouvelle Victoire.

CHOEUR.

Chantons l'Amour, chantons sa gloire,
Il triomphe d'un Cœur qui méprisoit ses traits,
Chantons, publions à jamais
Sa nouvelle Victoire.

Les Captifs Algeriens dansent.

UN ALGERIEN.

Triomphe Amour de la Beauté,
Qui nous rend aujourd'hui la liberté;
    Qu'Elle a d'appas!
    Qui ne l'aimeroit pas?
    Ses beaux yeux font vainqueurs
    De tous les cœurs;
    Mais à fon tour
    Elle cede à l'Amour.

Triomphe Amour de la Beauté
Qui nous rend aujourd'hui la liberté.

Acaste,

    Vous allez être fon Epoux;
    Qu'un fort fi doux
    Vous fera de Jaloux.
    Soyez conftant,
    Vivez content;
    Que vos defirs
    iffent des Plaifirs.

Amour de la Beauté,
nd aujourd'huy la liberté.

Marfeilloifes danfent.

UNE FILLE MARSEILLOISE.

Tout Amant
Comme le vent
Est sujet à changer,
N'en courons pas le danger.
Tel qui nous rend hommage,
N'est qu'un volage,
Défions-nous
D'un vent si doux.

Sur les flots
Point de repos;
Dans l'empire amoureux
L'on n'est guere plus heureux,
Qui laisse le rivage
Court au naufrage,
C'est trop risquer
Que s'embarquer.

CHOEUR.

Chantons l'Amour, chantons sa gloire,
Il triomphe d'un Cœur qui méprisoit ses traits;
Chantons, publions à jamais
Sa nouvelle Victoire.

Fin du premier Acte.

LA VEUVE.

*Le Theatre represente un Boccage & dans l'éloignement l'on
Découvre un Hameau.*

ACTE SECOND.

SCENE PREMIERE.

LEANDRE, FABRICE.

LEANDRE.

Sabelle me defefpere;
Elle fuit ma prefence & veut toujours pleurer.
Je refpecte fes pleurs, je crains de lui déplaire,
Et je lui cache enfin l'ardeur vive & fincere
Dont mon cœur fe fent dévorer.

FABRICE.

Si l'on vous fuit, c'est un myftere
Qu'on veut vous laiffer ignorer.

LEANDRE.

Ce foin de m'éviter redouble encor ma crainte.

FABRICE.

Son Epoux étoit vieux, la tenoit en contrainte,
Et la tirannifoit par d'injuftes rigueurs ;
Je croi voir à peu prés la caufe de fes pleurs.

LEANDRE.

Explique-toi ; diffippe mes allarmes.

FABRICE.

A fes attraits naiffans vous rendites les armes,
Avant que fon hymen eût feparé vos cœurs,
Peut-être eft-ce pour vous qu'elle repand des larmes.

LEANDRE *furpris.*

Pour moi ?

FABRICE.

C'eft un fecret pour relever fes charmes
Voilà la caufe de fes pleurs.

LEANDRE.

Non, la feule vertu peut caufer fes douleurs ;

Mais

Mais je veux rompre enfin un trop cruel silence,
C'est trop me faire violence.

FABRICE.

Elle sçait votre ardeur, ne vous contraignez pas.

LEANDRE.

Isabelle paroît.

Dieux! elle addresse ici ses pas
Elle rêve & semble interdite…
O Ciel! vit-on jamais de plus charmans appas ?…
Cachons pour un moment le trouble qui m'agite.

C

SCENE II.

ISABELLE, *seule*.

L'Image de Leandre en tous lieux m'environne,
Et celle d'un Epoux ne peut m'en garantir ;
Je le voi bien, l'Amour l'ordonne :
Mais le Devoir n'y veut pas consentir ;
Faut-il que pour jamais ma gloire m'abandonne ?

Sombre appareil, lugubres ornemens,
Reprochez-moi toujours ma flâme,
Mon Epoux ne vit plus, je fais mille sermens
De fuir l'Amour & ses engagemens.

Reprochez-moi toujours ma flâme,
Sombre appareil, lugubres ornemens.

Est-ce un crime d'aimer ? helas que de tourmens
Pour combattre un panchant qui vient flatter mon
Ame !
Sombre appareil, lugubres ornemens,
Vous me reprochez trop ma flâme.

SCENE III.

ISABELLE, IPHISE.

IPHISE *gayement.*

Leandre va bien-tôt se rendre à vos genoux ;
    Enfin, son tendre cœur espere
Que vous serez sensible à cette ardeur sincere
Dont avant votre hymen il a brûlé pour vous.

ISABELLE *fieremens.*

Ah qu'il ne vienne point !... aux cendres d'un Epoux
Je dois sacrifier le feu qui le devore :
    Tes discours seroient superflus
    Iphise ne m'en parle plus.

IPHISE.

    Quoi voulez-vous par vos refus
    Desesperer qui vous adore ?

ISABELLE *d'un ton plus doux.*

Doit-il bien-tôt venir ?... Crois-tu qu'il m'aime en-
    core ?

IPHISE.

Puisque vous le voulez je n'en parlerai plus.

ISABELLE.
Hélas ! que mon fort est à plaindre,
Faut-il que de l'Amour j'éprouve les rigueurs ?

IPHISE.
On fçait que votre époux ne valoit pas vos pleurs.
Vous avez tort de vous contraindre.

Pour moi dés mes plus jeunes ans,
Je perdis un époux l'objet de ma tendreffe ;
Mais je n'employai pas mon tems,
A perdre en vains regrets ma brillante jeuneffe.

ISABELLE.
Quand on fuit les tendres Amours
On n'éprouve point leurs allarmes,
Leurs tourmens font couler nos larmes,
Et l'on doit paffer d'heureux jours
Quand on fuit les tendres Amours.

ENSEMBLE

ISABELLE. { Quand on fuit les }
IPHISE. { Quand on cede aux } tendres amours,

On n'éprouve point leurs allarmes,

{ Leurs tourmens }   { couler }
{ Leurs plaifirs } font { tarir   } nos larmes,

Et l'on doit paffer d'heureux jours

{ Quand on fuit les }
{ Quand on cede aux } tendres amours.

SCENE IV.

ISABELLE, LEANDRE, IPHISE.

LEANDRE.

J'Interromps vos regrets, mon aspect vous offense,
O Ciel! vous me fuyez que mon sort est affreux.

ISABELLE *à Iphise à voix basse.*

Iphise que dit-il?

IPHISE.

Il dit tout ce qu'il pense
Et tout ce que peut dire un cœur bien amoureux.

ISABELLE.

Fuyons donc....

LEANDRE.

Quoi faut-il perdre toute esperance
N'écouterez-vous point un amant malheureux?

IPHISE *à Leandre.*

Eteignez, éteignez un amour temeraire,
Condamner sa douleur c'est aigrir son couroux.

LEANDRE *à Isabelle.*

Vôtre douleur vous est trop cheré,
Vous la devez à vôtre Epoux.

Je ne viens point sage Isabelle
Blâmer de sinceres regrets,
Si vous ne pleuriez pas un époux si fidele
Je vous trouverois moins d'attraits.

IPHISE *à Leandre.*

Ah ! vous ne pouvez trop approuver sa tendresse
Pour un objet si digne d'être aimé.

LEANDRE *à Isabelle.*

Mon cœur avec vous s'interesse
Pour cet objet inanimé.

ISABELLE.

Je dois gemir de mon sort rigoureux.

LEANDRE.

Helas ! je ne puis trop vous plaindre,
Qui ne seroit sensible en voyant ces beaux feux
Que le trépas ne peut éteindre ?

Quoi vous vous éloignez ? vous ne m'écoutez pas ?
Que se suis malheureux, helas !

ISABELLE

Je ne puis que pleurer.

IPHISE

Hé bien, pleurez ensemble.

ISABELLE

Que diroit-on ? ô Ciel! ah je frémis!... je tremble..

On entend un bruit de musique champêtre.

Mais de quels chants retendit ce séjour ?

LEANDRE

Ce sont d'heureux Bergers des hameaux d'alentour,

ISABELLE

Des Bergers? ah fuyons!.... ils parleront d'amour

LEANDRE

Non, ils parlent d'hymen, calmez votre colere.

Une jeune Bergere
Au Dieu d'Hymen a consacré son cœur,
On chante aujourd'hui son bonheur :
De deux Epoux unis l'image doit vous plaire.

SCENE V.

NOCE DE VILLAGE.

LE MARIE', LA MARIE'E, les gens de la Noce, & les Acteurs de la Scene précedente.

On jouë la Marche.

CHOEUR DES BERGERS.

Qu'à danser chacun s'apprête,
    L'Amour prend soin de la fête,
Qu'à danser chacun s'apprête,
    Celebrons d'aimables nœuds.

UNE BERGERE *seule.*

Deux cœurs amoureux s'unissent,
L'Amour les a fait tous deux
    Pour être heureux,
Pour jamais leurs tourmens finissent,
    L'Hymen a comblé leurs vœux.

LE CHOEUR.

Qu'à danser chacun s'apprête,
    L'Amour prend soin de la fête,

Qu'à

Qu'à danser chacun s'apprête,
Celebrons d'aimables nœuds.

LA BERGERE.

Rien ne vaut la douceur extrême
De posseder l'objet qu'on aime,
Les Plaisirs, les Ris, les Jeux
Sont le doux prix des plus beaux feux.

CHOEUR

Qu'à danser chacun s'apprête,
L'Amour prend soin de la fête,
Qu'à danser chacun s'apprête,
Celebrons d'aimables nœuds.

On danse.

IPHISE *à Isabelle.*

Aimez, cedez aux charmes les plus doux,
Sur les aîles d'Amour la Tristesse s'envole.

C'est un Amant qui console
De la perte d'un Epoux.

Aimez, cedez aux charmes les plus doux,
Sur les aîles d'Amour la Tristesse s'envole.

D

CHOEUR.

Du Dieu d'Hymen chantons les douces flâmes
Qu'il enchaîne nôs tendres cœurs,
N'éteignons jamais les ardeurs
Que son flambeau fait naître dans nos ames.

On reprend la Marche & la Noce s'en va.

LEANDRE *à Isabelle aprés le*
Divertissement.

Ces Jeux n'ont point touché votre ame,
Blâmerez-vous toujours une si tendre flâme !
Vous ne répondez point? helas expliquez-vous !...

ISABELLE *incertaine.*

Ah ! chere Iphise où sommes-nous ?

IPHISE.

Allez sur son tombeau consulter vôtre Epoux.

Fin du second Acte.

LA FEMME.

Le Theatre represente une Salle preparée pour un Bal.

ACTE TROISIÉME.

SCENE PREMIERE.

CALISTE seule avec un masque à la main.

AMOUR, charmant Vainqueur
Que ton Empire à de douceur
Lorsqu'on ne craint point de Rivale.

Sans partage aujourd'hui je regne dans un cœur,
Qui croit brûler d'une infidele ardeur :
O douceur sans égale !

Amour charmant Vainqueur
Que ton Empire a de douceur
Lorsqu'on ne craint point de Rivale.

SCENE II.

CALISTE, DORINE.

DORINE *en colere.*

ON fait à vos appas une offense mortelle,
Voyez cet appareil pompeux,
Votre Epoux qui vous croit absente de ces lieux ;
Votre Epoux infidele
Prépare cette fête à l'objet de ses feux.

CALISTE.

Je ris de son amour comme de ta colere.

DORINE.

Souffrir sa trahison, & la voir de si prés ?
Vangez-vous de l'objet que l'Ingrat vous préfere.

CALISTE.

Je ne me vangerai jamais
D'une Rivale qui m'est chere.

Voi l'objet dont son cœur adore les attraits,
Dans un Bal l'autre jour l'Amour fit ce miracle,
Le masque lui cachoit mes traits,
Ses desirs curieux s'irritoient de l'obstacle.

Je le quittai timide … inquiet … amoureux.
Je lui promis dans peu de m'offrir à sa vûë,
Et c'est pour découvrir enfin son Inconnuë,
　　Qu'il a fait préparer ces Jeux.

DORINE.

Voilà les hommes.
D'un bien que l'on possede oublier les appas,
　　C'est la mode au siecle où nous sommes ;
　　On veut un bien que l'on n'a pas,
　　　Voilà les hommes.

CALISTE ET DORINE.

Quand l'Hymen aux Amans vient présenter ses
　　　chaînes,
　　L'Amour s'envole pour jamais
　　Et nous perdons tous nos attraits
　　En cessant d'être souveraines.

CALISTE.

Cependant de mes fers il a peine à sortir,
Le trouble de son cœur par ses regrets s'exprime.

Que j'aime les remords que je lui fais sentir !
　　Qu'ils flatent l'ardeur qui m'anime !
　　Ah ! qu'en faveur du repentir,
　　On pardonne aisement le crime.

Je l'apperçois … allons sous ce masque trompeur,
　　Joüir encor de son erreur.

SCENE III.

DORANTE, ZERBIN.

ZERBIN

Votre Epouse est partie, elle est loin de la
    ville,
Et vous voilà le maître pour deux jours.

DORANTE.

Zerbin, que je suis peu tranquile,
C'est ici que j'attens l'objet de mes amours.
Je vais donc voir les traits de celle qui m'enchante,
J'ai peine à retenir ma joye impatiente.

ZERBIN.

Pourquoi faire à Caliste une infidelité ?
        Quel caprice est le vôtre ?
        Epoux d'une rare beauté,
        Pouvez-vous en aimer une autre ?

DORANTE

        Caliste mérite mes soins,
        A regret mon cœur est volage ;
Je sens que je ne puis l'estimer davantage ;

Mais je fens malgré moi que mon cœur l'aime
moins.

ZERBIN.

Vaut-elle moins que l'Inconnuë?

DORANTE.

Quelle difference! ah grands Dieux!
Par un charme fecret mon ame fut émüe,
Oüi, toutes fes beautez s'expliquoient par fes yeux;
Mais fes traits dans ce jour vont s'offrir à ma vûë,
Et l'Amour va remplir mes defirs curieux.

ZERBIN.

Demafquer ce qui nous fçait plaire
C'eft s'expofer au repentir.

Il eft dangereux de fortir
D'une erreur qui nous eft chere.

Demafquer ce qui nous fçait plaire
C'eft s'expofer au repentir.

Califte paroît mafquée fuivie de Dorine qui l'eft auff.

DORANTE *appercevant fon Inconnuë.*

La vois-tu? quels attraits!... Califte eft moins aimable.

ZERBIN *la confiderant.*

Je crois à fes appas le mafque favorable.

SCENE IV.

SCENE IV.

CALISTE *masquée*, DORINE *masquée*; DORANTE,
ZERBIN, *Troupe de Masques.*

CHOEUR *des Masques.*

CHantons, dansons, acourons tous,
Que chacun fasse sa conquête ;
Goutons les plaisirs les plus doux,
Et que l'Amour soit de la fête.

DORANTE *à Caliste.*

Charmant objet de mon amour
Vous faites seule ici l'ornement de la fête ;
Venus & sa brillante Cour
Embelliroient moins ce séjour :
Prenez part à ces Jeux, que l'Amour vous apprête.

Dorante commence le Bal avec Caliste, & danse
avec elle.

Les Masques dansent aprés.

DORINE *masquée.*

J'apperçois Zerbin mon époux,
Il ne me connoît pas…, parlons, approchons-nous,

E

Voyons si l'exemple du maître
N'en a point fait un second traître.

Vous semblez éviter mes pas.

ZERBIN.

Qui moi ? j'ai d'autres soins en tête.

DORINE *Masquée*.

Peut-être cherchez-vous ici quelque Conquête.

ZERBIN.

Vous ne vous y connoissez pas.

DORINE.

Et dans un Bal que venez-vous donc faire ?

ZERBIN.

J'accompagne un maître amoureux.

DORINE.

Et vous? rien ne peut vous y plaire.

ZERBIN.

Le Sexe dés long-tems me rend trop malheureux.

DORINE.

Aimeriez-vous quelque inhumaine?

ZERBIN.

Quoi, suis-je fait pour les rigueurs?

DORINE.

Est-il rien de plus doux qu'Amour & ses faveurs?

ZERBIN.

Est-il rien de plus dur que l'Hymen & sa Chaîne?

DORINE.

Et pourquoi de l'Hymen détestez-vous les loix?

ZERBIN.

De ses fers je sens tout le poids.

DORINE.

Quels défauts a donc votre Epouse?

ZERBIN.

Elle est prude, bizarre, incommode, jalouse;
Elle m'a dégouté de son sexe trompeur,
Peut-être seriez-vous comme elle?
Je la deteste... & grace à sa mauvaise humeur
Je lui serai toujours fidele.

ON RECOMMENCE LE DIVERTISSEMENT,

Dorante donne la main à Caliste & la conduit sur
le devant du Théatre.

E ij

DORANTE *à Caliste masquée.*

Vous connoissez mon cœur, accordez à mes yeux
Le bonheur d'admirer vos charmes.

CALISTE *masquée.*

Ne me voyez jamais vous m'en aimerez mieux.

DORANTE.

Quels discours! quels soupçons! Qu'ils me causent
d'allarmes!

CALISTE.

Je veux votre bonheur.

DORANTE.

En est-il sans vous voir?

CALISTE.

Si j'accorde à vos yeux un si foible avantage,
Mes charmes perdront leur pouvoir?
A vous cacher mes traits l'Amour même m'engage,
Et m'en impose le devoir.

DORANTE.

L'Amour est offensé de tant de résistance.

CALISTE.

Je dois craindre votre inconstance.

DORANTE.

Ah ! permettez qu'à vos genoux
Je calme ces vaines allarmes ;
L'Amour fait mon devoir de ceder à vos charmes,
Et me dit en secret qu'il faut n'aimer que vous.

CALISTE.

Ne portez-vous point d'autre chaîne ?
Aucun objet n'a-t'il pû vous charmer ?

DORANTE.

Vous êtes de mon cœur maîtresse souveraine.

CALISTE.

D'autres que moi peut-être ont sçu vous enflâmer ?

DORANTE.

Quel autre objet que vous pourroit jamais me plaire ?

CALISTE.

Mais quoi ? n'avez-vous point de reproche à vous
faire ?

DORANTE à part.

Dieux ! sçauroit-elle mes liens ?

CALISTE.

Vous vous troublez … Qu'elle est une Caliste

Dont les attraits, peut-être effacent tous les miens?

DORANTE *un peu déconcerté.*

Califte dites-vous!

CALISTE.

Quoi ce nom vous attrifte?
Vous femblez interdit!... vous l'aimez ... je le voi.

DORANTE.

Non, je n'aime que vous, je m'en fais une loi.

CALISTE.

Mais auprés d'elle enfin fi l'Amour vous rappelle?

DORANTE.

L'Amour vous fait triompher d'elle.

CALISTE.

Pourrez-vous l'oublier?

DORANTE.

Oüi, je vous le promets.

CALISTE.

Vous ne l'aimerez plus?

DORANTE.
Non.

CALISTE.

Quoi jamais ?

DORANTE.

Jamais.

Caliste & Dorine se démasquent.

ZERBIN.

Juste Ciel ! quel trouble est le nôtre !

DORANTE *d'un air riant sans se troubler*

Caliste je suis trop heureux,
L'Amour nous contente tous deux ;
Rivalle de vous-même & sans en craindre d'autre,
L'Amour aprés l'Hymen veut resserrer nos nœuds.

CALISTE.

Votre caprice est digne qu'on l'admire,
Et je pourrois m'en irriter ?
Mais je dois vous imiter,
Et comme vous j'en veux rire.

CALISTE ET DORANTE.

Vole Amour dans nos cœurs lance de nouveaux
   feux,
L'Hymen sans ton secours ne peut rendre heureux.

On danse une contre-danse.

CHOEUR DES MASQUES.

Goutons de doux amufemens,
Le Bal offre des plaifirs charmans ;
Tout plaît, tout contente,
Tout rit, tout enchante
Les plus doux plaifirs
Comblent nos defirs.

On reprend la contre-danse.

Pour triompher de tous les cœurs,
L'Amour prend ici fes traits vainqueurs,
Tout plaît, tout contente,
Tout rit, tout enchante,
Les plus doux plaifirs
Comblent nos defirs.

Fin du troifiéme & dernier Acte.

APPROBATION.

J'Ay lû par ordre de Monfeigneur le Chancelier, Les Fêtes de Thalie, Balet, & j'ai crû que l'impreffion en feroit agréable au Public. Fait à Paris ce 8. Août 1714.

DANCHET.

A PARIS. De l'Imprimerie de LAMESLE, ruë du Foin, 1714.